AF224750

RAISONS HISTORIQUES ET ACTUELLES

D'UN

Rapprochement Franco-Allemand

CONFÉRENCE faite le 12 Avril 1913
à la Loge LA FIDÉLITÉ, de Paris,
Par Alfred PEVET

PARIS

L'ÉMANCIPATRICE (Imprimerie typographique)

3, Rue de Pondichéry, 3

—

1913

La Loge La Fidélité, de Paris, émue des menaces que fait peser sur l'Europe l'extension donnée simultanément à leurs armements et à leurs forces par l'Allemagne et la France, et persuadée que la meilleure garantie de la paix n'est pas dans les projets ou contre-projets militaires qui organisent le mal et n'en suppriment pas la cause, avait mis à l'ordre du jour de ses travaux l'étude des rapports franco-allemands, qui dominent la politique de l'Europe, afin d'examiner si la nature de ces rapports, passés et présents, n'offre pas actuellement une leçon profitable.

En éditant la présente conférence, La Fidélité témoigne de l'intérêt qu'a pour elle ce sujet.

RAISONS HISTORIQUES ET ACTUELLES

D'UN

RAPPROCHEMENT FRANCO-ALLEMAND

Je vous dois tout de suite une remarque au sujet du titre donné à cette conférence.

L'expression « Raisons historiques... d'un rapprochement franco-allemand » semble indiquer que nous prétendons découvrir dans l'histoire les éléments déterminants de ce rapprochement. Non, cette prétention serait absurde. L'homme ne vit pas dans le passé, ses actes répondent à des nécessités, à des besoins, à des mobiles présents. Sans doute, on trouve dans le passé, dans l'histoire, des enseignements, des exemples, et même, si vous voulez, des motifs d'action; mais l'étude du passé considérée à ce point de vue, c'est de la spéculation historique; je n'avais pas l'orgueil de vouloir m'y livrer.

Cependant, beaucoup de nos contemporains voient dans l'histoire, et dans l'histoire moderne, des raisons d'opposition à tout rapprochement franco-allemand. Cette éventualité même les choque, les scandalise. Véhémentement, ils nous rappellent que l'Allemagne, en 1871, a commis à notre égard un attentat au droit, et que cet attentat nous fait un devoir de nous réserver le recours à la force pour en obtenir réparation.

Eh bien, armés précisément de l'histoire qu'ils invoquent, examinons ce que valent les affirmations de ces contemporains, leurs négations passionnées.

D'abord, demandons-nous ce qu'est ce droit non codifié, mais universellement perçu, que la force a abaissé, que la force seule peut redresser.

Disposer librement de soi, diriger son activité dans le sens qui parait à chacun le plus convenable dans les limites des possibilités naturelles et celles des obligations que nous impose la vie en société, telles sont les notions sur lesquelles l'individu fonde son droit.

La condition première de la conception de ce droit et de sa réalisation, c'est l'unité individuelle, c'est l'équilibre des rapports entre toutes les forces physiques et psychologiques du moi, c'est l'unité de la vie animale, c'est l'unité de la raison.

La condition seconde de l'objectivation du droit individuel, c'est un état social favorable.

Le droit social, le droit des sociétés ou des peuples, collections d'individus, ne diffère pas, apparemment, originellement, de celui des unités qui les composent. Le droit d'un peuple n'est-ce pas, idéalement, la somme des droits de ses membres ? Aussi, reprenant notre définition, banale et empirique, du droit individuel, dirons-nous que, disposer librement de soi, diriger son activité dans le sens qui parait à un peuple le plus convenable, le mieux correspondre à ses aspirations, dans la limite des lois de la nature et de celles qu'il s'est fixées, telle est la notion sur laquelle ce peuple fonde son droit.

La condition de l'objectivation du droit d'un peuple, c'est l'indépendance à l'égard des forces sociales extérieures de compression ou de dissolution, c'est l'unité à l'intérieur de la culture originelle, de la sensibilité générale, de la langue, des desseins, des intérêts, des mœurs, c'est l'unité politique des institutions, des cadres, des garanties. La pluralité des langues, l'opposition fondamentale des sentiments, des idées, des institutions, font obstacle à la conception d'un droit populaire ou national, à la transposition de cette conception du droit dans les institutions politiques et sociales. Les peuples font effort pour briser les obstacles artificiels à leur unité, tels que le morcellement territorial et démographique, la réunion sous un même sceptre de collectivités d'origine, de culture et de langue différentes, l'assujettissement à un régime, à des institutions politiques auxquels ne s'ajuste pas leur état de civilisation.

Bref, l'unité nationale, dans les limites ethnographiques créées par la nature ou l'histoire, est la forme dans laquelle le droit prend le plus aisément corps et figure Un attentat extérieur à cette unité apparaît ainsi un attentat au droit. Une annexion qui a pour effet d'arracher à son milieu d'origine et de formation une collectivité d'hommes est un attentat au droit, à la fois à l'égard du peuple que l'on démembre et à l'égard du peuple arraché, sans son assentiment, à son groupe primitif.

Est-ce là le sens de l'acte de l'Allemagne en 1871? Est-ce là le sens du traité de Francfort? Oui, sans doute, si l'on considère le fait isolément, le fait brutal de l'annexion, mais, si on l'envisage dans ses rapports avec l'histoire, avec certains événements antécédents, on est conduit à considérer que ce traité, œuvre de la guerre, fruit de la brutalité et de la violence, se substitue simplement à des traités antérieurs, œuvres également de la guerre, fruits de la brutalité et de la violence. C'est la liquidation de duels séculaires, dont le dénouement est le triomphe de l'unité allemande et comme une revanche sur la France moderne des attentats de la France des rois et des Napoléons contre cette unité.

Eh oui! la matière du drame n'est pas contenue tout entière dans les épisodes de la guerre de 1870 et 1871; on la découvre éparse aux pages de l'histoire. On en perçoit plus particulièrement les éléments dans les rapports franco-allemands des XVIIIe et XIXe siècles. Depuis la Révolution française, la France est, à des titres divers, le plus haut objet d'intérêt de l'Europe. Malgré ses inconséquences, ses aventures, ses changements politiques de front, les déceptions qu'elle cause à la démocratie d'Europe occidentale, la France reste aux yeux des peuples européens la nation qui la première en Europe a atteint l'unité nationale, unité que la Révolution française a animée, pourvue d'un réseau d'artères où circule harmonieusement la vie. Cette unité, la France en élève sur l'Europe l'image; l'Allemagne la regarde de tous ses yeux, fait des efforts passionnés pour l'atteindre, mais vainement, parce que, alors que la France convie les peuples européens à la poursuite, à l'obtention de leur unité propre, de son épée baissée elle menace ces tronçons allemands que l'Allemagne s'efforce de réunir et de fondre. Elle met entre ces tronçons, qui vont les uns vers les autres comme attirés par la force de l'aimant, la lame de son glaive.

Français et Allemands ont des racines communes. C'est sur des tribus d'origine indo-germanique, Celtes, Belges, Cimbres, Aquitains, établis sur les terres dites de Gaule, que Rome, au premier siècle de l'ère chrétienne, étend son système impérial d'institutions et de lois. Mais bientôt, dans les cadres administratifs qu'a dressés Rome en Gaule, un deuxième apport germanique de Visigoths, de Burgondes et de Francs vient se déposer. En l'année 800, le roi germanique des Francs, Charlemagne, qui a réuni sous son sceptre Gaulois, Francs de Gaule et vieux Germains (*Franci latini et Franci Teutones*), est sacré par Léon III, dans la basilique Saint-Pierre, empereur de cet Occident qu'il a conquis. Le vieil empire romain est reconstitué, mais il passe, au profit des Francs, du Sud-Est à l'Ouest.

L'Allemagne, d'autre part, est fondée, en ce sens que, christianisée par Charlemagne plus que conquise, elle entre à ce moment dans le cercle gallo-latin de l'empire d'Occident. Cet empire, il est vrai, on le nomme encore empire des Barbares, mais, dans ce monde de barbarie où il plonge, il est une ébauche première de civilisation.

Cet empire d'Occident, toutefois, groupement colossal de tribus de langues et de mœurs diverses, est factice, plus honoraire que réel, une sorte d'empire viager. La puissance de Charlemagne est sacerdotale, repose sur le concours de ses leudes indépendants et fiers, des évêques et archevêques qui ont consacré cette puissance, lui ont donné son caractère sacerdotal, et que Charlemagne a répandus en Allemagne, notamment sur les rives du Rhin, leur accordant de vastes propriétés, de grands fiefs.

Cet empire se disloquera aux mains débiles des successeurs de l'empereur; trente ans après la mort de son fondateur, il sera, par le traité de Verdun, divisé en trois royaumes : France, Allemagne, Lotharingie ou Lorraine.

Quelques indications sont ici nécessaires pour suivre l'évolution des éléments que meut et déplace le traité de Francfort. Si l'histoire de l'Alsace, germanique d'origine et de formation, que la France de Richelieu ne détachera de l'empire qu'après sept siècles d'évolution dans les cadres impériaux, est simple, celle de la Lorraine est complexe et touffue.

Le traité de Verdun a établi les bases territoriales de la nouvelle Europe occidentale. La France a pour limites à l'est le Rhône, la Saône, la Meuse et l'Escaut. Entre ces fleuves, le Jura et le Rhin, s'étire une bande de terre, royaume de Lotharingie ou de Lorraine. Au delà des Alpes helvétiques et du Rhin, l'Allemagne, ou, plus exactement, les Allemagnes.

Une première fois, à la mort du roi de Lorraine, ce royaume est partagé entre la France et l'Allemagne. En 895, soit 52 ans après le traité de Verdun, le dernier roi de Lorraine, Zwentibold, est chassé par ses sujets. Les Lorrains se donnent alors au roi de Germanie. 26 ans après, ils se reprennent et se confient au roi de France. Le roi de France n'en sera pas plus riche. A la chute de Zwentibold, la Lorraine est devenue un duché. Le nouveau duc auquel le roi de France a soumis les Lorrains s'empresse de se rendre indépendant du roi. Mais les successeurs du duc sont germanisés par Henri l'Oiseleur, le véritable fondateur de l'Allemagne. Enfin, en 954, la Lorraine échet à l'archevêque de Cologne qui, en 959, la partage en Basse et Haute Lorraine. La Basse-Lorraine, au nord, moins les évêchés de Trèves, Metz, Toul et Verdun, qui y sont enclavés mais qui dépendent directement de l'empire germanique, sera — exception faite des trois derniers évêchés, qui deviendront français sous Henri II — et restera Lorraine allemande, donnera naissance à la maison de Brabant. La Haute Lorraine, au sud, deviendra le duché proprement dit de Lorraine. Pendant 15 ans, de 1033 à 1048, les deux Lorraines, toujours germaniques, sont réunies sous le même duc. Puis, fait nouveau capital, en 1048, Gérard d'Alsace, duc de Haute Lorraine et souche de la maison autrichienne des Habsbourgs, rend son duché héréditaire; ses descendants le posséderont jusqu'au XVIIIe siècle (1737), sauf à certains intervalles où ils en seront dépossédés par les rois de France. Ainsi la France punit le duc de Lorraine en 1634 d'avoir donné asile au frère de Louis XIII en occupant le duché militairement. En 1658, Richelieu offre de rendre le duché s'il consent à démanteler ses places fortes. Sur refus du duc, le cardinal garde le duché, qui ne sera restitué qu'à la fin du règne de Louis XIV. Enfin, en 1738, la Lorraine est cédée par entente avec l'Autriche à Stanislas de Pologne, beau-père de Louis XV, à qui elle revient après la mort du roi Stanislas.

Telle est l'histoire chronologique de la Lorraine dite française jusqu'au XVIII siècle. Après l'avoir lue, on se demande la raison de la rapidité des changements politiques successifs de ce pays ; on se demande aussi quels furent pendant ces neuf siècles les sentiments des Lorrains à l'égard de la France et des Allemagnes.

La mobilité successorale des maîtres de Lorraine s'explique aisément par le fait que, durant la première période de l'histoire lorraine, le duché n'est pas héréditaire, qu'il est confié en viager, selon le principe du monde féodal, par le suzerain dont il relève, suzerain français ou suzerain germanique, à l'un de ses vassaux.

La deuxième question fournit une réponse intéressante à l'assertion courante d'une Lorraine « française par ses origines, par la langue et par le cœur ».

En réalité, la Lorraine fut, pendant ces neuf siècles, un boulevard entre la France et l'Allemagne, un boulevard franco-germanique, où il est malaisé de différencier les deux éléments. La Lorraine est franque, franque comme ses voisins de l'Ouest, Francs latins, comme ses voisins de l'Est, Francs teutons. Elle distingue si peu entre les maîtres de droite et ceux de gauche qu'elle se donne d'abord au roi d'Allemagne puis au roi de France. Ses voisins de l'Ouest parlant la langue des conquérants latins et ceux de l'Est les vieux dialectes germaniques, elle sera nécessairement bilingue. Les troupes lorraines combattront quelquefois près de celles des rois de France ; elles guerroieront aussi contre la France avec les troupes impériales. On concevra que, dans la situation où était placée la Lorraine, aussi maltraitée dans la paix par les incidents que créaient les rivalités entre les prétendants au duché que dans la guerre entre ses voisins, dont elle était souvent le siège, théâtre enfin, aux XVIIe et XVIIIe siècles, des entreprises violentes des rois de France, il n'y eût chez les Lorrains aucun penchant nettement défini pour l'empire germanique ou la royauté de France.

Cette Lorraine était transformée par la Révolution française en division administrative de départements. Elle était, en 1871, sur la frontière allemande, bilingue encore. Un cinquième seulement de la totalité des populations annexées parlait la langue française. L'annexion détacha de la Lorraine, qui avait constitué le duché de Lorraine, dot apportée par Marie Leczinska à la France, quelques arrondissements : elle fit repasser, au nord, le territoire de Metz, enclavé en Basse Lorraine allemande jusqu'à Henri II de France, à l'empire germanique.

Tels sont, résumés, les avatars de la Lorraine restée dans sa grande étendue française. Nous les avons groupés avec l'unique préoccupation de dégager la réalité d'une légende de sentiment que renforce l'expression de « Lorraine annexée » dont on use couramment. Pensons aux Lorrains, pensons-y toujours, parlons-en avec liberté, mais que notre pensée, que notre parole se meuvent dans la réalité historique.

Quarante-trois années après le traité de Verdun, l'héritage de Charlemagne, divisé, se morcelle. Les grands, réunis en diète, à Tribur, le décomposent en sept royaumes. Ce morcellement en engendre un plus grand encore à l'intérieur des royaumes. Nous entrons dans le domaine de la féodalité : creux, reliefs, accidents du sol, sont autant de royaumes.

Le grand fait historique du traité de Verdun et de la diète de Tribur, c'est la séparation en « nations » distinctes de l'Allemagne et de la France. France et Allemagne ont maintenant une vie propre, une existence personnelle. Qu'elles aillent chacune vers le destin qui mêlera parfois leur pensée intime, le meilleur de leur évolution propre, qui les opposera aussi, l'épée à la main, qui les confondra peut-être un jour, comme il les a jadis confondues.

. Leur évolution va être sensiblement divergente. La France mettra quatre siècles à traverser la forêt féodale de châteaux-forts et de donjons. Au xe siècle, la puissance de la monarchie française sera enserrée dans l'étroit corselet de l'Ile-de-France. Mais, peu à peu, les rois, médiateurs dans les querelles de leurs vassaux, obstinés à revendiquer leurs droits honorifiques de suzeraineté que défendent les évêques disciplinés et nourris dans le culte de la puissance romaine, en s'appuyant sur les communes, par une politique qui varie selon les temps, — politique cruelle de Philippe le Bel, politique astucieuse de Louis XI, mais éminemment favorable au but poursuivi, — les rois, dis-je, accomplissent en France la fonction essentielle de la royauté, qui est celle de réaliser, en agrandissant leur puissance personnelle et dynastique, l'unité de la nation autour du pouvoir central et royal.

En Allemagne, l'évolution vers l'unité est contrariée par une évolution vigoureuse en sens inverse. Charlemagne n'avait pu abattre ses grands vassaux de Germanie; les mœurs fédérales germaines avaient survécu; les ducs, les barons, les évêques, les archevêques s'étaient très rapidement affranchis de l'autorité impériale; l'empire, tombé en déshérence, est devenu électif. Les électeurs sont les principaux princes d'Allemagne. Ils se réunissent périodiquement en Diète pour y discuter de leurs affaires. Ils représentent l'idée de fédération; ils siègent au Nord; ils sont l'élément indigène à la fois aristocrate et libéral.

Pour lutter contre leurs rois et le principe d'unité impériale que porte en elle la fonction royale, ils ont sur les féodaux de France l'avantage de posséder l'arme de l'élection. Pour garantir l'indépendance et l'autonomie des provinces, c'est-à-dire leur indépendance propre, il y ont fréquemment recours et n'attendent même pas toujours qu'un empereur soit mort pour lui en substituer un autre. Et, pour que cet empire ne se fixe pas dans une maison, dans une famille, ils y appellent tour à tour toutes les dynasties germaniques. C'est ainsi que le globe de Charlemagne se promène du Danube au Rhin et de l'Elbe au Weser.

L'histoire politique de l'Allemagne, qui comprend au xe siècle les pays de l'Allemagne actuelle, plus l'Autriche et la Lorraine, c'est l'histoire d'une lutte qui va durer neuf siècles entre les principes unitaire et fédératif. La papauté, alors à l'apogée de sa puissance, tantôt défendra l'unité au profit de la couronne impériale, tantôt, en soutenant les prétendants qu'opposent à l'empereur les fédéraux, elle défendra, à son insu peut-être, le principe fédératif que condamne la discipline unitaire de l'Église romaine.

Le principe unitaire et impérial l'emporte avec Othon le Grand, qui place, en 962, la papauté dans sa dépendance, rétablit au profit de l'Allemagne l'empire d'Occident sous le nom de Saint-Empire romain germanique, courbe la féodalité, réprime une tentative d'émancipation du duc de Lorraine; avec Henri III, qui dépossède fédéraux et papes, se charge de désigner les pontifes romains; avec Henri IV, dont le règne voit le plus grand triomphe de la papauté, l'empereur s'humiliant aux pieds d'Hildebrand, à Canossa, et le plus grand abaissement temporel du pape; avec, au XIIe siècle, Frédéric Barberousse.

Mais en 1250 s'ouvre une ère d'or de 23 années pour la féodalité fédérale, qui se trouve assez forte, à la mort du dernier des Ohenstaufen, pour laisser le trône vacant, d'abord, puis le mettre aux enchères, y élire des empereurs de parade, cependant que les droits impériaux sont usurpés et les biens et domaines de la couronne mis à sac par les princes et les nobles archevêques du Rhin. Les sujets d'Allemagne, privés de la protection impériale, se fédèrent, se confédèrent pour leur propre protection. A côté de la Ligue hanséatique naît la Ligue teutonique.

Dislocation, isolément, morcellement, telles sont les caractéristiques de cette période brève de victoire du principe fédéral, nommée « le grand interrègne ».

En 1273, un prince pauvre, sans prestige, Rodolphe de Habsbourg est élu empereur d'Allemagne. Sa médiocrité est aux yeux des électeurs le meilleur de ses titres. Ce Habsbourg fonde pourtant la maison d'Autriche. Cette maison d'Autriche verra, après la mort de Rodolphe, le sceptre germanique lui échapper. Mais elle le ressaisira, en 1440, et le conservera jusqu'à la bataille de Sadowa.

En 1519, l'Empire devient vacant par la mort de Maximilien de Habsbourg. Deux candidats briguent la couronne.

Quel moment dans l'histoire ! Ces candidats sont, l'un, le fils de l'empereur décédé, l'autre le roi de France, François I". Les électeurs repoussent des compétiteurs aussi puissants. Puis ils réfléchissent, nomment le Habsbourg. Ce Habsbourg est Charles-Quint.

Le principe fédératif, à l'avènement de Charles-Quint, est en danger. Bien que la féodalité allemande soit restée forte, comment résisterait-elle à ce maitre du monde, si fortement imprégné de l'esprit romain autoritaire et niveleur? Le hasard des temps fournit au fédéralisme germanique du Nord un auxiliaire inattendu qui va lui permettre d'ajouter à son opposition politique l'opposition religieuse : la Réforme.

Voici un des plus grands événements de l'histoire du monde. La société laïque monte à l'assaut de l'Eglise romaine. Cette Eglise, par ses acquisitions territoriales, excite les convoitises; par sa corruption, elle a disqualifié le sacerdoce; par sa tyrannie, elle s'est faite l'ennemie et des princes, et des cours, et des peuples. C'est à l'Allemagne qu'appartient l'honneur de diriger l'insurrection. Le mouvement a plusieurs aspects : il est une révolte de la raison qu'ont préparée les humanistes de la Renaissance; l'humanisme n'avait eu nulle part autant d'adeptes qu'en Allemagne. Il a aussi l'allure d'une revendication agraire et économique. Comme telle, la Réforme permet aux féodaux d'Allemagne de séculariser les biens de l'Eglise; à l'occasion d'une de ces sécularisations, celle de la Prusse par le landgrave de Brandebourg, nait cette Prusse qui sera plus tard l'instrument de l'unité allemande.

Mais la Réforme rencontre dès le début une vive opposition : opposition de l'Eglise et opposition, en Allemagne, de Charles-Quint qui, par égard pour ses vastes possessions d'Italie, d'Autriche et d'Espagne, est obligé de se ménager l'appui de la papauté. L'empereur décrète que l'on ne changera rien au culte existant catholique. Mais la Réforme a pris un essor qui brave les foudres de Charles-Quint. Les princes, hostiles à l'unité impériale, lui sont favorables. L'Allemagne se couvre d'universités protestantes. La pensée allemande brise les formules rigides du dogme; à la faveur des sécularisations des biens de l'Eglise, les serfs sont affranchis, industrie et commerce se développent par bonds.

Hélas ! aux conflits de tout ordre que la Réforme provoque en Allemagne et dans les autres pays les guerres s'allument : guerres longues, sanglantes, impitoyables, guerres de religion, comme il convient de les nommer.

Réformés et princes allemands obtiennent enfin de Charles-Quint la Trève d'Augsbourg. Mais les princes ont été obligés, pour se défendre, de faire appel à des pays étrangers, à la Suède et à la France, et c'est à l'occasion de ces guerres de religion que l'Allemagne sent pour la première fois le fer de la France lui fouiller le flanc. C'est à l'occasion de ces guerres de religion que Henri II, roi de France, qui fait massacrer les protestants français, qui les fait juger sans appel, mais qui, pour combattre Charles-Quint, s'est allié aux Etats protestants, s'est fait donner le titre de Protecteur des libertés germaniques, pénètre par surprise dans les évêchés de Metz, Toul et Verdun, et les annexe. Il pousse son raid jusqu'à Strasbourg qui le canonne. Dépité, il s'en va, se bornant à se vanter d'avoir fait boire ses chevaux dans les eaux du Rhin.

Telle est, abstraction faite de l'équipée malheureuse de Charles VII, à peine délivré par la Pucelle, contre les Messins, la première prise de contact entre les populations rhénanes de cette Allemagne qui subit à ce moment une des plus grandes révolutions spirituelles que le monde ait connues et la France récemment frappée au sceau de l'unité royale.

A la Trève d'Augsbourg, qui avait duré 50 années, succéda une réaction catholique dans toute l'Europe, qui provoqua la guerre de Trente Ans. Comme Henri II et pour les mêmes raisons, l'abaissement de la maison d'Autriche, Richelieu, cardinal romain, prend parti contre le chef du Saint-Empire germanique.

Au cours de ce chaos d'événements guerriers qui ensanglantent l'Allemagne, où se dévide l'écheveau embrouillé des litiges européens, une espèce de condottière, un Bernard de Saxe-Weimar, tente de se tailler sur le Rhin un Etat indépendant; il conquiert l'Alsace, puis meurt. Richelieu prend à sa solde l'armée de l'aventurier et conserve

la proie conquise. La guerre se termine par le traité de
Westphalie. A ce moment, l'Allemagne, champ clos, pendant ces trente ans, de ces duels européens, est déchirée,
ruinée, transformée en déserts. Des villages, qui comptaient 600 habitants, n'en comptent plus que 20; dans les
campagnes, on rencontre moins d'hommes que de loups.
Il ne reste extérieurement rien des brillantes productions
de la Réforme. Les peuples germaniques semblent être tombés dans une demi-barbarie. A ces misères, à ces désastres,
à ces souffrances, le traité de Westphalie ajoute une mutilation. Les conquêtes de surprise de Henri II et le recel
de Richelieu sont ratifiés. L'Allemagne perd l'Alsace et
ses villes libres. Désormais cette Allemagne sentira à
son côté cette plaie béante dont la brûlure sera avivée par
une rancune tenace, que la politique allemande saura
exploiter au cours des événements qui préfaceront la guerre
de 1870-1871, et dont le souvenir sera un aiguillon pour
les Allemands, plus impérieux peut-être que la voix de
Bismarck.

Nous sommes au XVIIᵉ siècle, c'est-à-dire en 1648. L'annexion par la France de l'Alsace, de ses villes libres, de
ces populations germaniques, est un fait nouveau considérable. Jusqu'à présent, les guerres entre féodaux ou souverains se sont réglées par des déplacements de souveraineté qui ne changeaient rien au caractère intime des
peuples passés sous un nouveau sceptre. Mais à ce moment
où Languedoc, Aquitaine, Provence, Bourgogne, Ile-de-
France sont devenues la France, une, par la personne du
roi, par une langue commune, des institutions identiques,
une culture similaire, l'annexion de l'Alsace, pays de formation, de langue et de sensibilité allemandes, est un
attentat au droit, le plus manifeste des premiers en date,
puisqu'il arrache un peuple à son milieu originel pour le
rattacher à un corps auquel ne l'unit aucun lien.

Quelques années après, en 1681, Louis XIV est à l'apogée
de sa puissance; nul ne peut résister au roi orgueilleux.
En pleine paix, il a constitué, dans les pays germaniques annexés par le traité de Westphalie, des tribunaux spéciaux
que l'on appelle des Chambres de réunion. Ces tribunaux
ont pour objet de rechercher quels sont les habitants des

territoires voisins des évêchés annexés qui font historiquement partie de ces pays conquis. Par ce moyen, qui est à la portée de tous les rois dont l'autorité ne souffre aucune limite, Louis XIV agrandit les territoires annexés, au détriment des peuples germaniques.

De plus, par la trahison de l'archevêque de Strasbourg, il s'empare de cette ville, vieille cité impériale, depuis des siècles république qui ne reconnaissait d'autres maîtres que ses édiles et son évêque.

Enfin, le comte palatin, son cousin par alliance, étant mort sans héritier, Louis XIV, comme le permettaient les règles et les mœurs du temps, revendique la succession. Il se produisait ainsi des circonstances où un roi, un seigneur féodal quelconque, étant mort sans enfant, tous les seigneurs de l'Europe, tous les rois se prétendaient ses héritiers. Louis XIV revendique donc le Palatinat. Il charge Louvois de le conquérir. Sans provocation aucune, Louvois l'incendie et le dévaste. Des centaines de villes et de villages sont réduits en cendres. Cent mille Allemands sont chassés du Palatinat et s'en vont en Allemagne où ils crient vengeance.

On comprend comment des faits de cet ordre, exceptionnels sans doute, qui déshonorent un pays, qui déshonorent la civilisation, et dont cependant la démocratie moderne n'est pas responsable, car il serait plaisant que les fils des régicides français fussent responsables de la politique des aïeux de Louis XVI, aient fait sourdre, dans le cœur allemand, une défiance qui durera longtemps, s'étendra injustement à la France politiquement transformée et renouvelée.

Cependant, malgré ces misères, peut-être même en raison de ces misères, parce que les peuples allemands contenus, violentés, ont été obligés de se replier sur eux-mêmes, les ferments déposés par la Réforme ont mûri dans les esprits.

Les protestants de France, chassés par l'Édit de Nantes, « la chose, selon Mme de Sévigné, la plus belle et la plus mémorable que jamais roi eût faite », avaient trouvé auprès de Frédéric-Guillaume de Prusse, arrière-grand-père du grand Frédéric, qui invitera ses sujets à gagner le ciel chacun à sa façon, l'accueil le plus empressé. Ils portèrent à la Prusse, à Berlin notamment, les plus belles industries de France. Leurs descendants deviendront d'illustres Prussiens, d'énergiques pangermanistes.

La culture française du xviii° siècle a une influence très grande sur l'Allemagne. Elle excite passionnément son rationalisme religieux, l'esprit de recherche scientifique, le goût de la spéculation, de l'analyse de la connaissance. La sensibilité religieuse allemande sent profondément notre Jean-Jacques. L'esprit rationnel, d'autre part, prépare en Allemagne le berceau de la philosophie moderne, de l'idéalisme renouvelé de la haute antiquité.

C'est à cette époque que l'on peut situer la naissance de l'idée de patrie en Allemagne, son éclosion dans les cerveaux allemands.

C'est en ce xviii° siècle que la notion [...]nt saisissable.

Ah ! les gens qui se refusent à discu[...] l'idée de patrie, qui laissent entendre que cette idée fut de toute éternité, se doutent peu de sa formation récente. L'idée de patrie ne pouvait éclore dans les cerveaux de l'Europe féodale. A cette époque où les peuples n'ont pas de nationalité, n'ont pas d'unité, où ils font partie du patrimoine des seigneurs ou des rois, de l'héritage ou de la dot de leurs princes, il ne saurait y avoir d'idée de patrie. L'idée de patrie ne s'ébauche qu'au moment où les rois, intervenant entre leurs sujets des provinces et leurs vassaux, témoignent du fait qu'il y a dans le royaume un élément de stabilité. Dès lors, et peu à peu, le roi devient le lien social, le roi devient la patrie. Les émigrés qui, pendant la Révolution, fidèles à leur roi, passent à l'armée de Condé, sont patriotes selon cette manière ; ils le sont étroitement, mais sincèrement.

L'idée de patrie, idée d'unité, a quelque chose d'infiniment plus élevé et qui ne peut naître que dans des cerveaux armés d'idées générales, dans des cerveaux de savants. C'est pourquoi elle apparaît simultanément, avec la culture du xviii° siècle, en France et en Allemagne. Ce patriotisme se distingue du culte du monarque, s'oppose au patriotisme royal, témoigne de l'établissement d'une espèce d'esprit social. Un effort de plus, et nous concevons la patrie révolutionnaire. La patrie de la Révolution française, c'est moins la France que le régime révolutionnaire qu'elle s'est donné, lequel rompt avec le régime féodal, ce sont les institutions nouvelles, bref, c'est la Révolution. Que la Révolution fasse un effort encore, que l'idée de patrie s'élève au-dessus des nationalités, qu'elle se hausse jusqu'à la conception de la justice humaine, et alors elle devient une idée universelle. Mais les temps ne sont pas révolus ! Dans tous les cas, en Allemagne comme en France, la patrie est tout d'abord une patrie abstraite, une patrie littéraire, éclose dans les esprits cultivés de l'époque, des hommes savants, raffinés, des écrivains de l'Allemagne. Mais, comme cette représentation de la patrie, dans ces têtes allemandes, est grave, pieusement jalouse, profonde et passionnée, et avec quel lyrisme elle s'exprime par la muse de Klopstock, de quel frisson sacré elle témoigne :

« Je suis une jeune fille allemande ; mon œil est bleu, et doux est mon regard. J'ai un cœur noble et fier et bon, et mon œil bleu s'irrite et mon cœur a de la haine contre ceux qui méconnaissent la patrie. »

Ces paroles enflammées où l'expression de haine a le sens d'amour douloureusement blessé, Klopstock les adresse à Frédéric-le-Grand, dont la gloire, à ce moment, rayonne sur les Allemagnes, mais dont les yeux hypnotisés par l'éclat de la France littéraire ne savent point voir les nobles et humbles et intimes beautés de la terre allemande.

Cette notion savante et poétique de patrie ne deviendra une notion populaire que pendant les guerres napoléoniennes. Napoléon y contribua plus que notre Révolution.

Il y avait de grands obstacles à la transposition de l'idée de patrie, idée abstraite et idée savante, dans le monde matériel, dans le monde des intérêts. L'Allemagne était divisée, dispersée en centaines d'États ; elle avait saigné de toutes ses veines durant la guerre de Trente Ans et en était sortie abaissée. Elle aspire, en s'éveillant, à une Allemagne unie dans une fédération intellectuelle d'Allemagnes qui en respecterait la diversité intérieure, ferait jaillir de leurs harmonies combinées une harmonie nouvelle. Elle n'est pas mûre pour comprendre la nécessité des forceps révolutionnaires, des violences par lesquelles la

France s'affranchissait. Elle n'a pas confiance en elle. L'esprit rationnel, développé par la culture du XVIII⁰ siècle, l'avait raffinée, l'avait poussée, jetée vers les domaines de la pensée pure. Elle y montra des audaces sans bornes ; mais les mauvais traitements, les brutalités, le démembrement subi l'avaient rendue timide, délicate et gauche, et elle se sentait incapable de réaliser politiquement cette unité intellectuelle par les méthodes de révolution. Cependant, l'Allemagne, aux premiers événements de la Révolution française, ressentit, comme tous les pays, une espèce de commotion électrique.

Jean Jaurès a décrit, dans des pages (1) où le poète et l'historien confondent leur génie, l'état de cette Allemagne contemporaine de notre Révolution. Pages admirables, d'une psychologie historique pénétrante dont je ne pourrais apporter que des réminiscences affaiblies. On jugera aussi en raccourci de l'impression que reçut l'Allemagne de la France révolutionnaire par ces lignes bien connues que consacre Michelet à Emmanuel Kant, à qui l'écho a apporté à Kœnigsberg les nouvelles des grands événements qui se déroulent en France :

« Au fond des mers du Nord, il y avait alors une bizarre et puissante créature. Un homme ? Non, un système, une scolastique vivante, hérissée, dure, un roc, un écueil taillé à pointe de diamant dans le granit de la Baltique. Toute philosophie avait touché là, s'était brisée là, et lui, immuable, ne prenait nulle part au monde extérieur. On l'appelait Emmanuel Kant. Lui, il s'appelait Critique. Soixante ans durant, cet être tout abstrait, ce rocher humain, sortait juste à la même heure et, sans parler à personne, accomplissait pendant un nombre donné de minutes précisément le même tour, comme on voit, aux vieilles horloges des villes, l'homme de fer sortir, battre l'heure, et puis rentrer. Chose étrange, les habitants de Kœnigsberg virent, — ce fut pour eux un signe des plus grands événements — cette planète se déranger, quitter sa route séculaire. On le suivit, on le vit marcher vers l'Ouest, vers la route par laquelle venait le courrier de France. »

____

(1) *Histoire socialiste.*

Notre Révolution passionne l'Allemagne. Quand Brunswick se met à la tête des armées de la coalition, elle maudit la guerre contre la France. Mais voudrait-elle s'y opposer, les forces lui font défaut. La France pourtant est émue du concours, de l'approbation que les écrivains allemands lui apportent. Elle donne à Klopstock, comme à l'Américain Thomas Paine, le titre de citoyen français, ouvre ses bras à Anacharsis Klootz, « l'orateur du genre humain ». Les peuples allemands vibrent à l'appel que la Convention adresse aux nations transalpines, par où la grande assemblée affirme le droit incoercible des nations à la liberté.

Mais la brutalité des événements qui se déroulent maintenant à Paris offense la timidité délicate, trop intellectuelle, trop esthétique, de l'Allemagne. Elle hésite, recule, se rejette en arrière. La politique extérieure de la Révolution achèvera de la détacher, de l'éloigner de l'œuvre française. Cette politique extérieure prend déjà une allure impériale. La Révolution répand la liberté dans le monde, mais à la manière d'un César. Elle a quelque chose de hautain, quelque chose d'orgueilleux, confond son idéal, ses intérêts et ceux du monde, veut affranchir ce monde au dehors comme elle s'est affranchie elle-même au dedans, s'attacher ce monde par les liens de la reconnaissance, se faire, comme les patriciens romains de leurs affranchis, une clientèle des peuples libérés.

Les armées de la France, qui « marchent avec la liberté », cessent de séduire les peuples ; cette liberté s'accuse en traits durs sous le masque révolutionnaire. Cette impression est intense en Allemagne : un écrivain allemand traduit la pensée de ses concitoyens : « Nous ne voulons pas de cette liberté, s'écrie-t-il, que les soldats français ont tenue dans leurs bras avant de la conduire jusqu'à nous ». Aussi, la Révolution française ne pénétrera dans la maison gothique de l'Allemagne qu'en s'y installant à demeure, qu'en en bouleversant l'économie, qu'en en chassant les habitants. Pendant quinze années, hommes et territoires allemands vont tourbillonner sous la rafale napoléonienne, comme la poussière sous un vent d'orage.

Et pourtant, c'est au cours de ces années tragiques que s'élabore en Allemagne la notion d'une patrie populaire.

Cette patrie qui, jusqu'alors, n'a été qu'abstraite, n'a été que littéraire, ne s'est matérialisée que dans la commune admiration de l'Allemagne pour ses grands hommes, que dans la commune fierté des Allemands, qu'ils soient Bavarois, Viennois ou Saxons, d'être les compatriotes d'un Gœthe, d'un Kant, d'un Klopstock, d'un Schiller ; cette patrie devient « la jeune fille allemande à l'œil bleu » où l'Allemagne se reconnaît et se mire. Ces Allemands, habitants des différents Etats d'Allemagne, qui n'avaient entre eux que de froides relations, qui étaient isolés les uns des autres par de hautes barrières, vont désormais, sous la ruée napoléonienne, être précipités sur les champ de bataille, se mêler, se confondre. Ils vont avoir pour la première fois conscience de leur origine commune, de leur âme commune ; ils oublieront les rivalités de provinces, ils oublieront les rivalités d'Etats et de noblesse pour ne plus se souvenir que d'une chose : qu'ils sont Allemands et qu'en combattant Napoléon ils combattent l'étranger. C'est le rouge au front qu'ils verront les princes du Rhin, dont Napoléon s'est fait le protecteur, accepter cette tutelle.

Voilà comment la guerre, comme jadis, comme aux temps préhistoriques, est pour l'Allemagne un véhicule d'unité, commen*, à la faveur de cette grande crise, cette idée d'unité, qui n'avait jusque-là qu'agité les cours et les châteaux féodaux, se transforme en une universelle aspiration. Ils sont 50 millions d'Allemands répartis en centaines d'Etats. Pourquoi, se demandent-ils, ne formeraient-ils pas un seul peuple, une seule nation ?

L'unité de l'Allemagne devait inéluctablement se faire, elle était inévitable comme l'unité de la France, l'unité de l'Angleterre, l'unité slave, l'unité italienne. Mais elle avait, pour se réaliser, des possibilités multiples et indéterminées de formes ; elle pourrait élargir et adapter l'ancien moule féodal et fédéral, répandre les cellules d'une Helvétie allemande unie là où s'étaient fixées les vieilles tribus, élevé les donjons. Elle pouvait se faire au sud, se centraliser politiquement vers Vienne et ensoleiller la politique allemande de cette gaité, de cet abandon expansif, de cet esprit poétique et sentimental que l'on attribue aux Allemands du Sud ; elle pouvait se faire au nord, sous l'hégémonie rude, sévère, bureaucratique et militaire de la Prusse.... Ainsi en décidèrent les destins dont les deux Napoléon furent les zélés bien qu'aveugles serviteurs.

Des remaniements politiques et géographiques considérables préparent les voies de ces destins. En 1796, les princes allemands, jaloux des agrandissements territoriaux de la République française, s'étaient réunis, avaient procédé à une nouvelle distribution des Etats de l'Empire, soudant les petits Etats aux grands. L'empereur d'Allemagne, dont l'autorité impériale n'est plus qu'une fiction, Joseph II de Habsbourg, est acculé à abdiquer. Il ne conservera que le titre d'empereur d'Autriche. Ainsi disparait le Saint-Empire romain germanique, la fondation quasi millénaire d'Othon-le-Grand.

D'autre part un nouvel Etat a surgi dans le Nord qui occupe l'attention des peuples et des cours. C'est la Prusse que le grand maitre de l'ordre teutonique a sécularisée sous la Réforme, qui est devenue, sous la série de ses Hohenzollerns, un Etat militaire fortement organisé, fier de lui-même, qui apparait aux yeux des Allemands vêtu de la gloire du grand Frédéric.

Des hommes clairvoyants pressentent déjà à cet instant, peut-être, que cette Prusse raide et austère délivrera l'Allemagne du joug de l'Autriche, sera, pour l'unité allemande, l'instrument du salut. Et la Prusse, précisément, d'un œil qui s'exerce à sonder les abimes de l'avenir, semble se hausser à la vision de ce rôle messiatique. La Prusse, qui a été jusqu'ici le champion du fédéralisme du Nord contre l'unité par l'Autriche, rêve à son tour d'unité, espérant la faire à son profit. Ainsi les termes sont renversés.

Cependant, cette Prusse était écrasée, en 1805, à Iéna. Ce fut son salut, ce fut le point de départ de sa haute fortune. Le roi de Prusse comprit, avec une grande intelligence de la situation, qu'il fallait jeter du lest monarchique. Pour rallier autour de la Prusse démembrée, écrasée par de successives contributions de guerre et par l'occupation permanente des armées françaises, l'Allemagne, il se tourna vers la démocratie allemande, dressant au-dessus d'elle le drapeau des réformes sociales. La Prusse prenait des mesures libérales, abolissait le servage et les corporations, créait le service militaire obligatoire; ce fut un réveil prodigieux, semblable à celui qui s'était manifesté pendant la Réforme et dont des philosophes comme Fichte, des savants comme Humboldt, prennent la direction.

A la nouvelle de la retraite de Russie de l'armée française, un enthousiasme indescriptible secoue l'Allemagne; les professeurs des universités en hâte quittent leur chaire, donnent rendez-vous aux étudiants sur les champs de bataille. Les princes appellent leurs sujets à la liberté. La Prusse appelle l'Allemagne des laboureurs et celle des princes à la fraternité de la mort. Des souscriptions se couvrent rapidement, les engagements militaires se multiplient. L'Allemagne se lève à l'appel de la Prusse pour combattre; les rôles sont renversés; tyrannie et liberté ont changé de camp. Les soldats de la liberté sont de nouveau victorieux, mais les vaincus portent la livrée napoléonienne. Nous sommes en 1813. L'empire français défaille sur le champ de Leipzig.

Mais tous les rêves d'unité, tous les espoirs démocratiques de l'Allemagne devaient sombrer avec les traités de 1815. Les princes ne tinrent pas leur parole; l'Europe trahit les généreuses espérances que les Etats allemands avaient placées en elle. La Prusse sortit des traités de 1815 agrandie, mais l'Europe ne rendit pas à l'Allemagne les territoires alsaciens — moins encore les évêchés lorrains — que lui avait arrachés la France par le traité de Westphalie, aggravé par Louis XIV; de plus, le Saint-Empire romain était reconstitué sous la forme d'une Confédération germanique de 35 Etats qui comprenait l'Autriche et les Etats allemands, et qui était créée pour servir de boulevard contre tout retour offensif de l'impérialisme français. Ainsi, ironie douloureuse, la France et l'Allemagne, également déçues, joindront leurs lamentations : la France parce qu'elle sort de la grande aventure guerrière amputée de ses conquêtes transalpines et transrhénanes; l'Allemagne parce qu'elle continue à porter au flanc cette plaie alsacienne que

l'espoir et la griserie de la victoire avaient à demi cica-
trisée, que la déception de nouveau fait saigner.

Les événements de 1830 et de 1848 eurent une grande
répercussion en Allemagne; en 1830, l'Allemagne libérale
désirait une Constitution; l'Allemagne patriote voulait fon-
der l'unité. Libéraux et patriotes s'appuyaient sur la France
libérale et sur la Pologne révoltée. Espoirs déçus encore.
La répression, sous l'inspiration de Metternich, fut sévère.
Pourtant un premier pas est fait vers l'unité par l'établissement d'un Zollverein ou union douanière. La Prusse,
habile à maintenir sur les Etats le signe de ralliement dé-
mocratique, donne aux Prussiens une Constitution.

En 1848, cette agitation d'unité et de démocratie qui
travaillait l'Allemagne faillit être couronnée de succès.
L'Autriche et la Prusse avaient consenti à l'élaboration d'une
Constitution commune; un parlement, au milieu d'un enthousiasme délirant, s'était réuni à Francfort aux fins
d'élaborer cette Constitution unitaire; mais la jalousie, la
défiance de l'Autriche et de la Prusse à l'égard l'une de
l'autre firent tout abandonner. Ce fut une nouvelle faillite
des espoirs allemands. Du moins à cet instant l'Allemagne
comprend qu'un duel est nettement engagé entre la Prusse
et l'Autriche et qu'il faudra, pour la réalisation de l'unité
allemande, que l'un des adversaires soit mis à jamais hors
de combat.

L'année 1862 appelle von Bismarck à résoudre le conflit
austro-allemand, à dénouer les liens qui retiennent l'Allemagne à la matrice de l'Autriche et à briser l'épée de la
France si cette épée s'avise de couper et de diviser ce que
l'Allemagne s'efforce à réunir et à fondre en un corps de
métal.

Avec une claire vision d'homme d'Etat de grand talent
et qui ne s'embarrasse pas de vains scrupules, Bismarck,
par trois guerres successives, réalise l'œuvre dont il a
assumé la tâche. Par la guerre avec le Danemark, la guerre
des Duchés, il agrandit la Prusse; par la guerre avec l'Autriche, il exclut l'Autriche de la Confédération germanique. En 1870 enfin, il signe l'œuvre. Le 18 janvier 1871,
dans l'ivresse, dans le délire de l'Allemagne victorieuse,

l'acte constitutif d'unité est scellé et Guillaume reçoit à Versailles, dans le palais des rois, sous l'image de Louis XIV, l'incendiaire du Palatinat et le cambrioleur de Strasbourg, la couronne impériale que lui offrent les vingt-deux Etats d'Allemagne.

Nous n'ignorons plus rien aujourd'hui des événements qui engendrèrent et précédèrent la guerre de 1870: de nombreux mémoires diplomatiques ont été publiés, qui fixent définitivement les responsabilités des hommes et des deux nations.

La France méconnut les conditions de la vie de l'Allemagne. Elle pratiqua et renoua à l'égard de ce pays la politique des rois et celle de Napoléon Ier, reniant la doctrine des nationalités de la Révolution française.

Cette politique était d'autant plus odieuse qu'elle était exclusive à l'Allemagne. La France avait, en effet, aidé l'Italie à constituer son unité; mais elle surveillait avec une défiance ombrageuse sa voisine de l'Est, craignant que, si l'Allemagne réalisait son entreprise unitaire, elle ne disputât à la France l'hégémonie de la puissance en Europe.

Tous les partis français étaient irrités de ce que l'Allemagne n'eût point oublié l'annexion française de populations rhénanes. Ce sentiment secondera vigoureusement les desseins équivoques de Napoléon III.

Lorsque Bismarck, réalisant les phases successives de sa politique habile, conduit l'Autriche à Kœniggrætz, Napoléon n'intervient pas; il attend; il attend que les adversaires soient épuisés pour se présenter en médiateur, courtier en trocs territoriaux, en arbitre de paix, dont le vainqueur paiera les bons offices de quelque respectable « compensation » — le mot n'est pas nouveau. Mais, quand l'Allemagne a écrasé l'Autriche à Sadowa et que Napoléon va demander à Bismarck le prix de sa neutralité, la cession à la France de Mayence et de Landau, Bismarck répond brutalement non: « Non, pas un pouce de terre allemande, ou c'est la guerre ».

Le falot empereur, pourtant, ne peut se retirer les mains vides: son prestige en France est miné par le mépris; il lui faut un succès, un succès à tout prix. Il rêve d'abord de prendre par la force les territoires qu'on lui refuse, mais il hésite : la crainte fait faiblir dans son esprit la tentation. Il caresse peu après la pensée criminelle de se jeter sur la Belgique neutre, de l'envahir, de l'annexer, mais il redoute l'intervention de l'Angleterre. N'obtiendra-t-il donc rien ? Son avenir, celui de sa dynastie dépendent d'une victoire qui rejaillisse en orgueil et en clinquant impérial aux yeux des Français dont il a sondé la profondeur du détachement et de l'hostilité.

A défaut d'un succès militaire, la nécessité implacable lui ordonne de se satisfaire, de tenter de satisfaire la France, d'un succès diplomatique. Il demande finalement et obtient que l'Allemagne du Sud, qui a contracté avec l'Allemagne du Nord une alliance offensive et défensive ainsi qu'une union douanière, ne se réunira pas à l'Allemagne du Nord, que ces deux Allemagnes resteront séparées, que ces deux grands tronçons resteront isolés. Bismarck accepte, il accepte avec une satisfaction dissimulée, car il comprend la lourde faute de Napoléon et sait le parti qu'il pourra en tirer. Il feint, en l'acceptant, de subir une contrainte, une violence, mais aussitôt il se dresse, il dénonce à l'Allemagne l'ennemi transrhénan, l'ennemi héréditaire, celui qui jadis l'a dépecée, lui a barré la route de l'unité, la lui barre encore, cette grande nation qui ne peut admettre qu'une autre grande nation s'établisse à côté d'elle, cette fille à l'impénitence orgueilleuse de Louis XIV et de Napoléon, et il peut enfin, en faisant appel à l'esprit, à l'enthousiasme des Allemands pour l'unité, en faisant appel à cette Allemagne du Sud qui, jusqu'à ce moment, a manifesté une certaine défiance à l'égard de la Prusse, obtenir le concours du Nord et du Sud pour l'accouchement suprême à l'effigie prussienne de l'unité allemande. Quand Bismarck, à la liquidation des incidents de candidatures au trône d'Espagne, pendant lesquels l'astuce du chancelier s'est jouée des mauvais desseins de Napoléon III, de la naïveté de la Chambre française, des illusions mirifiques de nos patriotes, appelle à lui Sud et Nord, l'Allemagne, qui s'est longuement préparée dans le silence, se lève formidable à son appel, comme un bloc.

❖

Voilà les origines de la guerre franco-allemande dont le traité de Francfort, dont l'annexion de l'Alsace et d'une fraction de Lorraine sont le dénouement.

Vous sentez sans doute maintenant, j'imagine, pourquoi je témoigne d'une certaine irritation quand j'entends parler, à l'occasion du traité de Francfort, de « l'attentat au droit de 71 » comme si cet attentat était unique dans l'histoire, sans antécédents, sans rapports avec cette histoire même.

Une annexion, par la violence, par la force, est certes un crime. Encore convient-il de l'apprécier, non isolément, mais dans sa genèse, dans son cadre, dans ses fins. Sa signification en est ainsi grandement modifiée. Ce n'est plus alors que le dernier terme d'une série, le dernier anneau d'une chaîne de faits de même ordre que nos aïeux considéraient comme des conséquences bonnes ou mauvaises de la guerre, mais inéluctables, que nous pouvons considérer, nous, avec notre notion du droit des nationalités, comme des crimes, dont notre conception nouvelle nous ordonne précisément de fermer l'ère, d'enclouer le dernier chaînon. A cette condition on peut parler de tous les attentats au droit du passé, et s'épargner, en évoquant à dessein ou inconsciemment le seul attentat du traité de Francfort, la préparation de nouveaux crimes, l'ouverture d'une nouvelle ère de violences et de revanches, d'annexions et de contre-annexions.

Nos patriotes pleurent à la fois la perte d'une étendue géométrique de terre, par où la France, dont ils ont le sentiment d'être les propriétaires conjoints, leur paraît mutilée, et, ce qui est plus noble sans doute, ils souffrent du fait brutal qui a fait passer des concitoyens sous un autre régime.

Ce patriotisme propriétaire repose sur des notions fort contestables. Ces patriotes croient volontiers que la rive gauche du Rhin nous a été cédée par les dieux dès l'origine du monde. Leur cœur se gonfle de mélancolie quand ils entendent chanter les beautés du « Rhin français ». La Nature, croient-ils, oubliant leur propre et antique origine, a fixé les tribus germaniques de l'autre côté du Rhin, avec défense de le franchir. Ils en trouvent la preuve dans les *Commentaires* de Jules-César, le premier historien documenté des Gaulois. « Germani qui trans Rhenum incolunt », dit Jules-César. La vérité c'est que l'Allemagne n'eut jamais de « frontières naturelles » et c'est un fait qui la caractérise. Un fleuve ne saurait être classé parmi les frontières naturelles, obstacles difficilement franchissables au delà desquels la nature revêt un autre caractère. Au moment, d'autre part, où César écrivait ses *Commentaires*, aucun peuple d'Europe n'y avait trouvé un établissement définitif. C'est l'époque où la Gaule est elle-même une mosaïque de peuples sans contact, où les grandes migrations conduisent les Asiatiques vers l'ouest de l'Europe, où les Germains sont refoulés vers la Gaule par les Slaves, où tout est mobile, en voie de devenir et de fixation, où les Latins soumettent l'Occident. Cet Occident, les Germains le conquerront à leur tour, et une de leurs tribus, la tribu franque, s'établissant en Gaule, y établira définitivement ses rois et ses barons, et donnera au pays où se sont fondus anciennes et nouvelles tribus, conquérants et conquis, Germains latinisés et Latins germanisés, le nom de France.

Nous avons suffisamment parlé des origines des Alsaciens et des Lorrains limitrophes, de leur formation, de leur évolution, de leurs vicissitudes pour ne point estimer qu'ici l'histoire est une démonstration suffisante. Nous avons flétri l'annexion. Nous voudrions que l'on flétrit toutes les formes d'annexions, toutes les annexions possibles. Mais il y a quelque chose qui s'y oppose, quelque chose de contradictoire, de troublant, dans l'esprit patriotique de tous les temps et de tous les pays : les annexions que l'on réalise sur l'ennemi sont parfaitement légitimes, celles qu'effectue l'ennemi sur nous ou nos amis ne le sont pas, constituent un attentat au droit des gens ! Les conquêtes de Henri II, de Louis XIV et de Napoléon Ier tissent à la France un manteau de gloire ; nous saluons de nos vœux et de nos vivats l'annexion d'une partie de la Turquie musulmane par le Bulgare et le Grec. Mais nous paraissons blasphémer quand nous mentionnons le traité de Francfort ou le nom de Bismarck sans y ajouter le commentaire obligatoire des mots : « droit... », « attentat... », « revanche.... ».

L'Allemagne nous a arraché des populations dont un cinquième parlaient français. L'avait-elle prémédité ou le succès a-t-il dépassé ses espérances ? Mais, au moment où les armées s'ébranlaient, Gambetta élaborait le schéma de l'administration française des pays que nous allions conquérir sur le Rhin et Paris se préparait, sur les boulevards, au voyage de Berlin.

Est-ce à dire qu'avec la désinvolture que l'on attribue à ceux qui n'ont pas connu les affres de la défaite et les maux de l'invasion nous nous désintéressions de l'Alsace, et de la fraction de la Lorraine annexée, nous affichions à leur égard une indifférence dédaigneuse? Non, non! Nous n'oublions pas qu'Alsace, Lorraine et France ont vécu côte à côte un moment de l'histoire, qu'elles ont aujourd'hui encore un patrimoine de souvenirs communs, que Lorraine annexée et Alsace ont collaboré à notre Révolution française, et la meilleure démonstration de la réalité de notre sympathie c'est que nous voulons pour l'Alsace, pour la Lorraine annexée, désormais, la paix, la paix pour les Alsaciens-Lorrains dans la paix franco-allemande.

Or c'est le même souhait unanime qu'expriment l'Alsace et la Lorraine annexée. Elles veulent la paix, condition de quiétude, de sécurité, de travail pour leur développement économique, politique et moral. Cela, nous le savons aujourd'hui. nous en avons des preuves multiples, des témoignages nombreux et concordants. Nous avons longtemps été abusés par des livres, des romans, écrits davantage avec le souci de plaire à un public patriote heureux d'être trompé, qui lit, qui achète, qu'avec le désir de semer scrupuleusement la vérité, fût-elle en apparence décevante.

Cette réalité nous la connaissons maintenant. Elle ne nous déçoit pas, elle est conforme à la marche historique des peuples. Comment la raison impartiale admettrait-elle qu'après 40 ans d'incorporation l'Alsace reste étrangère à la vie allemande, à la civilisation germanique, son milieu originel? L'union, la fusion seront d'autant plus rapides et complètes que l'Allemagne supprimera plus rapidement toute distinction de régime entre l'Alsace-Lorraine et les autres États de l'Empire, effacera plus radicalement le souvenir même de ces distinctions.

L'Alsace et la Lorraine annexée ont sans doute souffert beaucoup des violences de la conquête et des pratiques brutales dont usa le vainqueur à leur égard au lendemain de l'annexion; elles ont été méconnues, persécutées par les partis chauvins d'Allemagne; à ces persécutions, qui se sont apaisées au surplus beaucoup, qui laissent entrevoir de meilleurs lendemains, elles ne préfèrent point les embrassements des partis chauvins français, grotesquement tapageurs ou exhalant une odeur détestée de poudre.

Alsace et Lorraine annexée paraissent lasses, unanimement lasses, d'être l'enjeu des querelles chauvines françaises et allemandes; elles aspirent au droit commun complet dans l'empire fédéral, elles sont lasses de constituer une muraille de haine entre les deux pays, elles aspirent à devenir un point de jonction où pourraient se rencontrer deux civilisations parvenues au même étiage.

Voilà quels sont actuellement les sentiments de l'Alsace-Lorraine, voilà quelles sont ses aspirations. Aux témoignages multiples et concordants que nous possédions se sont ajoutés les témoignages récents et impressionnants que vous connaissez: les manifestations claires, convaincantes, indiscutables quant au sens, de tous les partis alsaciens-lorrains contre l'idée d'une guerre franco-allemande, pour la paix durable franco-allemande, pour l'évolution normale et régulière de l'Alsace-Lorraine dans les cadres de l'empire fédéral, contre la prétention insupportable du vieux chauvinisme français et de certain néo-patriotisme de diriger cette évolution, d'en indiquer et à l'Allemagne et aux Alsaciens et aux Lorrains les conditions et les modalités.

Ainsi l'Alsace et la fraction annexée de Lorraine marquent clairement leurs sentiments. Elles disent clairement à la France officielle qu'elles réprouvent, qu'elles condamnent toute éventualité de guerre franco-allemande dont elles seraient l'objet, le théâtre. Elles protestent hautement, solennellement, aujourd'hui, à l'occasion des projets législatifs militaires, contre toute réserve allemande de guerre, contre toute réserve française de revanche. Cette attitude, la conduite des Alsaciens-Lorrains, depuis bien des années, auraient dû être pour la France officielle un avertissement, une leçon.

Il n'en fut rien. Au lendemain de sa défaite, la France, s'enveloppant dans une espèce de brume d'amertume et de regret, se mit à aiguiser silencieusement l'arme de la revanche. Puis quand, par une alliance contre nature, elle crut avoir payé de ses milliards le concours de la Russie des tsars, elle montra plus d'assurance. Ses ministres se mirent à ourdir la trame d'intrigues par où l'Allemagne serait nouée, encerclée, isolée. Cela nous mena à Algésiras, nous conduisit à Agadir. Ce furent de dures leçons pour la France, que le Gouvernement français accepta parce que l'heure ne lui parut sans doute pas avoir sonné de la revanche, de la grande aventure; mais ce ne furent pas des leçons pour le lendemain.

Cette politique fut continuée et portée à un plus haut degré encore par M. Poincaré au cours des événements balkaniques, et elle reçut en France l'assentiment des partis nationaliste et réactionnaire qui surent en distinguer le protagoniste et servir sa fortune.

Avant que s'ouvrissent les hostilités, alors que seules encore quelques chancelleries connaissaient les desseins et les traités des alliés balkaniques, M. Poincaré se mettait en route pour Saint-Pétersbourg où il allait assurer la Russie du dévouement à toute épreuve de la France et marchander avec elle les « compensations » que la France obtiendrait en Asie lorsque la Turquie, écrasée et refoulée d'Europe, aurait repassé le Bosphore.

Connaissant les desseins du tsar, M. Poincaré, de la démarche innocente d'un ange de la paix qu'il s'annonçait être à l'Europe, invitait ensuite aimablement l'Autriche, les hostilités étant ouvertes, à se désintéresser du problème balkanique, alors que la Russie conservait les mains libres, alors que les alliés faisaient les affaires de notre compère le tsar.

La Triple-Alliance reçut cette invitation comme une grossière provocation et en dénonça l'intrigue avec une telle violence que M. Poincaré dut battre en retraite avec une discrétion provisoire.

Cette politique reprise par la suite, l'appui immodéré que la France offrait ostensiblement à la Russie, les encouragements prodigués aux vainqueurs balkaniques, dressaient antagonistiquement les groupes de puissances, divisaient l'Europe en lui dévoilant notre rêve obscur de pêcher la revanche dans les eaux troubles d'Orient, refluées vers l'Occident, nous conduisaient à deux reprises vers les abimes de la guerre.

Eh bien, la politique de M. Poincaré a été couronnée de succès. Des nouvelles puissances slaves, vigoureuses, guerrières, entreprenantes, se sont formées sur les derrières de la Triplice, modifiant l'équilibre des forces, diminuant celles du pangermanisme, accroissant celles du panslavisme. Mais le succès de la politique de M. Poincaré a une pointe qui se retourne contre la France.

En présence de la rupture du *statu quo*, en présence du renforcement de la puissance slave, et pour faire face aux apparences agressives de la politique française, l'Allemagne gouvernementale se croit dans l'obligation de puiser plus largement dans ses réserves d'hommes en étendant la limite de son recrutement militaire. L'Allemagne arme.... La France arme.... Duel stupide, duel inégal. Duel criminel. La menace appelle la menace. A la provocation répond la provocation. On arme ici, on arme là. Les peuples payent aujourd'hui de leur argent, payeront peut-être demain de leur sang cette politique aveugle de leurs ministres, de leurs gouvernements irresponsables. Et cette paix armée, qui pèse comme un cauchemar sur l'Europe depuis 1870, s'aggrave, aggrave nos charges, épuise notre activité, nourrit les œuvres de mort des fruits du travail vivant, menace notre raison, refoule sans cesse de l'horizon le monde nouveau de démocratie et de fraternité que notre cœur appelle. Duel ridicule, où de deux pays qui possèdent l'un 50 habitants aptes à porter les armes, l'autre 90, celui-ci en armant 51, l'autre croit par des moyens subtils pouvoir lui en opposer autant!

Oh! politique insensée de la France et des gouvernements qui passent.... Voudrons-nous résolument sortir de cette atmosphère de mensonge et de folie?

Qui veut la guerre entre l'Allemagne et la France dans notre pays ? Personne n'oserait répondre : « Moi », à une question semblable, mais il est toute une classe sociale de finance, d'affaires, d'échanges, de transport, d'industrie, qui en serait responsable si elle survenait, parce qu'elle n'aurait rien fait pour l'empêcher, et, à côté de cette classe, il est des millions d'individus qui l'accepteraient avec une nuance d'empressement, parce que leur esprit est préparé depuis 40 ans par une culture historique frelatée, de mauvais livres, de grossiers spectacles et de basses campagnes de presse, à envisager cette guerre comme inévitable, souhaitable....

Peut-être s'étonnera-t-on de ce que je ne partage point le préjugé populaire courant à l'égard de la bourgeoisie financière, commerciale, industrielle, représentée comme sans cesse occupée, dans l'intérêt de ses spéculations ou l'extension de ses débouchés, à attiser le feu des haines et des rivalités patriotiques, à fomenter des conflits entre nations. C'est là une vision simpliste des choses que l'observation impartiale des réalités oblige à rectifier.

Que les expéditions, les conquêtes coloniales soient préparées, combinées par des consortiums de grands intérêts, imposées par le canal d'agents occultes, et à la faveur de campagnes odieuses où le patriotisme des journaux se monnaye en publicité, à la vénalité parlementaire et à l'imbécillité du public, trop d'exemples de tous les jours le démontrent.

Mais la guerre entre nations continentales policées, armées à la moderne, que le capitalisme a dotées des mêmes organes économiques, n'a rien de commun avec les promenades militaires coloniales.

La conquête des colonies, paradis des fonctionnaires, pépinières militaires, a pour objet principal de créer des débouchés à la surproduction agricole ou industrielle de la métropole, en même temps qu'un immense champ d'exploitation pour les grandes entreprises de travaux publics et privés.

Une annexion continentale au contraire ne crée pas une parcelle de richesse pour le vainqueur, n'offre à l'industrie du pays victorieux aucun avantage spécial, cela étant incompatible avec le régime de concurrence internationale capitaliste.

Que d'audacieux spéculateurs de Bourse trouvent, en période de conflits internationaux, dans les vicissitudes des cours, des occasions de fortune personnelle ou de ruine de leurs clients, c'est une chose aussi indubitable.

Que quelques industries, celles qui pourvoient aux besoins de la guerre, acceptent la guerre d'un cœur léger, c'est une hypothèse trop admissible.

Mais il est naïf de penser que dans notre système social d'internationalisation des marchés, d'internationalisation capitaliste de la production et de la répartition des richesses, supprimant radicalement les frontières politiques, les diverses fractions capitalistes aient intérêt à la rupture de la paix, souhaitent la guerre.

La paix est nécessaire au monde de la Bourse, dont elle garantit l'équilibre des opérations: la paix est nécessaire aux rentiers de toutes catégories, porteurs de fonds d'État ou autres valeurs mobilières, à qui elle garantit la stabilité des cours, le paiement des arrérages; elle est plus nécessaire encore au monde de la banque, à qui elle assure la stabilité des dépôts, la régularité des opérations de change et d'escompte.

Toujours la Bourse et ses divers organes ont manifesté leur horreur de la guerre, même des guerres les plus populaires, dans le langage qui leur est propre, la baisse des cours à la nouvelle d'un conflit. Si l'on veut une preuve de ce que nous avançons, qu'on lise les publications financières, les bulletins financiers des journaux, affermés par les établissements de crédit, à la date des incidents d'Algésiras, d'Agadir, de l'ouverture des hostilités balkaniques. On y verra que, des deux côtés de la frontière, financiers et banquiers se sont efforcés, par les moyens qui leur sont propres, de maintenir la paix entre la France et l'Allemagne.

Indispensable enfin est la paix pour l'industrie et le commerce, dont la sécurité et le développement normal sont liés à la liberté du transit et des échanges. L'interruption des communications, l'affaiblissement de la capacité de consommation des sociétés humaines, le ralentissement ou l'arrêt total de la production, conséquences immédiates de la guerre, sont pour le commerce et l'industrie des facteurs d'appauvrissement ou de ruine inéluctables.

Il n'y a pas de financier, d'industriel, de commerçant clairvoyant, sauf circonstances dont le petit nombre est négligeable, qui ne doivent vouloir la paix, qui n'aient intérêt à la maintenir à tout prix.

Ces constatations seraient banales si elles n'avaient pour objet de rectifier une opinion populaire peu avertie et si elles ne nous obligeaient à confesser que finance, industrie et commerce n'ont rien fait jusqu'ici de sensible pour traduire la notion de leurs intérêts, de leurs désirs, je veux le croire, en actes qui influeraient heureusement sur nos rapports avec l'Allemagne.

Pourquoi un faux respect humain empêche-t-il nos Chambres de commerce de faire, avec le concours des Chambres de commerce allemandes, ce qu'elles ont fait si brillamment pour l'établissement entre l'Angleterre et la France d'une entente cordiale?

Quand notre bourgeoisie industrielle, commerciale et d'affaires voudra simplement se désolidariser de l'œuvre de la presse de chantage patriotique et des grotesques de la Revanche, qui, parce qu'ils parlent haut, donnent l'impression mensongère de parler au nom d'une opinion publique solide et étendue, toute menace de guerre franco-allemande sera conjurée, la paix du monde, condition des progrès techniques et de la production des richesses, sera assurée, paix dont elle a le plus impérieux besoin.

Si l'équivoque et la lâcheté de son silence la conduisaient aux catastrophes qu'enfante la guerre, elle n'aurait aucun droit d'en accuser diplomates et gouvernants, aucun droit de se soustraire aux suites civiles de la défaite et même de la victoire.

Personne, avons-nous dit, ne désire en France la guerre avec l'Allemagne, n'avouerait du moins la désirer. Mais beaucoup de gens en acceptent sans effroi la perspective et même en escomptent, au rythme de leurs espérances et de leurs illusions, les résultats possibles.

Etrange et pitoyable esprit, fait d'ignorance, de lectures

perfides, de sophismes grossiers, d'une méconnaissance totale des leçons d'hier et d'aujourd'hui.

Hélas ! oui, un nombre très grand de Français ignorent
l'histoire de l'Allemagne, cette histoire que j'ai voulu décrire en lignes rapides et sommaires : ils ignorent aussi
totalement l'Allemagne actuelle, qui leur apparaît comme
une vaste armure de guerre sans organe intérieur humain,
sans cerveau et sans cœur.

Ils ignorent que l'Allemagne moderne n'a pas épuisé les
forces vives d'idéalisme social, d'idéalisme philosophique,
qui ont présidé à son éclosion, galvanisé sa formation, forces d'idéalisme qui dressaient en 71, contre leur propre gouvernement, Liebknecht et Bebel, qui faisaient jaillir de
leurs lèvres une éloquente protestation contre l'annexion de
l'Alsace-Lorraine, qui leur permettaient de braver les deux
années de forteresse auxquelles cette protestation les faisait condamner.

Nombreux sont les Français qui ignorent les forces de
pacifisme allemand, pacifisme qui se manifeste avec éclat
dans les congrès de la paix, qui rallie et unit les plus grands
esprits, qui se glorifie de Richter, comme le pacifisme français se glorifiait de Passy. Ils ignorent qu'il y a en Allemagne une socialdemocratie vigoureuse et librement disciplinée, qui est un exemple pour le monde, et, à côté de cette
masse populaire profondément pacifiste, en opposition aux
partis chauvin, militaire, pangermaniste, audacieux et puissants certes, des forces démocratiques que l'on connait mal
parce qu'on ne nous les fait pas connaître, parce que leur voix
ne vient pas jusqu'à nous, des forces démocratiques qui souhaitent, qui expriment le désir d'un rapprochement franco-
allemand. Ces Français ne connaissent pas mieux l'Allemagne contemporaine politique, qui nous a précédés de loin
dans la voie de la législation ouvrière, dans la voie des
réformes démocratiques qui sont comme le sceau, la marque des pays modernes ayant atteint un degré de civilisation élevé.

Et pourtant, malgré cette ignorance, cette méconnaissance de l'Allemagne du passé, de l'Allemagne actuelle,
les Français qui, d'instinct, par attachement à la paix,
parce qu'ils sentent, confusément ou clairement, que cette

paix est liée à l'établissement de bonnes relations franco-
allemandes, relations durables, fondées sur une entente politique, sur un rapprochement spirituel et matériel, sont
l'immense majorité de notre population. Leur voix, sans
doute, se joindrait à la nôtre s'ils sortaient de leur enténébrement, de cette atmosphère de mensonges, de politique
gouvernementale de duplicité, de rodomontades officielles,
de journaux et de beuglants, qui pèse depuis quarante ans
sur la France.

Il est du devoir des esprits libéraux des deux pays, pour
lesquels l'esprit libéral est le plus patriotique des liens, des
classes ouvrières des deux pays, depuis longtemps au surplus vouées à cette bonne œuvre, de tous les gens éclairés,
de tous les pacifistes, des maçonneries française et allemande, devant une représentation desquelles j'ai l'honneur
de parler en ce moment, que la noblesse séculaire de leurs
traditions oblige à en porter de plus en plus haut l'éten-
dard, des grands, moyens et petits intérêts économiques,
de dissiper cet enténébrement, cette atmosphère, au seuil
desquels un esprit nouveau nous offrirait la vision d'une
entente, d'un rapprochement franco-allemand immédiatement
réalisables.

Il est du devoir de toutes les avant-gardes des démocra-
ties qui veulent garantir, dans les formes actuelles de l'Europe, des désastres moraux et matériels de la guerre, les
éléments sociaux d'évolution, de transformation, des patries
modernes en fédération européenne de patries, de montrer
aux deux gouvernements où sont la paix, la quiétude, la
sécurité.

L'ÉMANCIPATRICE, 3, RUE DE PONDICHÉRY, PARIS (XVe) — 7021-5-13.

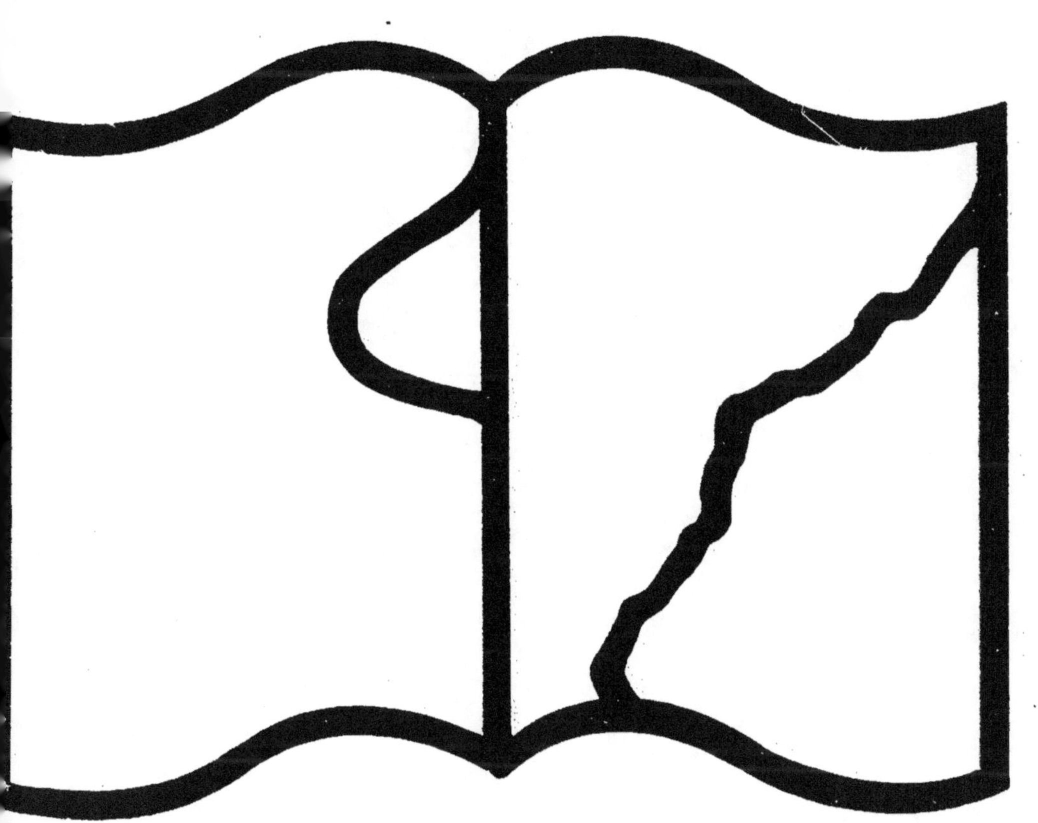

Texte détérioré — reliure défectueuse

NF Z 43-120-11